Wäschewaschen nach System

von Daniel Rübmann

Wäschewaschen nach System

Tipps und Tricks rund ums

Thema Wäsche waschen

in der Praxis

Wie wasche ich richtig?

(C) 2019 Daniel Rübmann
Herstellung und Verlag:
BoD- Books on Demand, Norderstedt
ISBN 978-3-7386-2815-9

Inhaltsverzeichnis

Vorwort..6

Kapitel 1 - Wie funktioniert Wäschewaschen und was braucht man dazu...7

Kapitel 2 - Wäsche vorbereiten und sortieren, um zu waschen..15

Kapitel 3 - Temperaturwahl......................................18

Kapitel 4 - Wie viel und welche Waschmittel brauche ich?...24

Kapitel 5 - Wie befülle ich meine Waschmaschine richtig?..32

Kapitel 6 - Wie viel Programme brauche ich und welches Programm wähle ich bei der Wäsche?!...........37

Kapitel 7 - Tipps und Tricks beim Waschen im modernen Waschautomat..46

Kapitel 8 - Reinigung des Waschautomaten............51

Kapitel 9 - Technische Details im Waschautomat......56

Kapitel 10 - Problemtextilien und deren Waschverfahren..65

Kapitel 11 - Wissenswertes über Waschmittelinhaltsstoffe und was sie bewirken!..................................70

Vorwort

Bei der Frage „wie wasche ich meine Wäsche richtig?" stoßen viele Hausfrauen und Hausmänner auf Probleme, oder denken gar nicht über das Thema nach. Sie machen es einfach irgendwie - Hauptsache, die lästige Arbeit wird nebenbei erledigt, und das Thema ist damit vom Tisch!

Dieses Buch soll Orientierung und Hilfe geben, wie man richtig Wäsche wäscht; es soll aber auch Probleme, die durch falsches Handeln oder Unwissenheit entstehen, vermeiden oder auf Dauer beheben!

In den letzten Jahren wurde ich immer wieder mit Fragen und Problemen rund um dieses Thema konfrontiert; oft waren es Fragen wie:

- Warum stinkt meine Waschmaschine?

- Soll ich eine neue Maschine kaufen?

- Mit welcher Temperatur soll ich waschen?

- Kann ich diesen Anzug überhaupt waschen?

- Reicht ein Kurzprogramm?

Diese und mehrere andere Fragen sollen hier in diesem Buch behandelt und ausführlich beantwortet werden, ausserdem will ich euch klar machen, wie der Waschprozess eigentlich funktioniert!

Kapitel 1

Wie funktioniert Wäschewaschen und was braucht man dazu

Zum Waschen braucht man 4 Faktoren: **Temperatur, Zeit, Mechanik, Wasser (Chemie).**

Diese vier Waschfaktoren sind im Sinnerkreis und werden zum Waschen benötigt! Ändert man einen der Faktoren, wird ein anderer Faktor größer; oder macht man z.B. mehr Mechanik, braucht man z.B. weniger Zeit. Es müssen jedoch immer die vier Waschfaktoren im Einklang sein! - Die im Folgenden dargestellten Sinnerkreise gehen jeweils von einer eingestellten Waschtemperatur von 60°C aus!

Die einzelnen Faktoren:

Temperatur

Die Temperatur ist einer der wichtigsten Faktoren, denn wenn wir mit hohen Temperaturen über 60°C waschen, haben wir eine keimabtötende Wirkung. Fett, Schweißgeruch, Öl und Flecken können sich bei hohen Temperaturen besser lösen. Jedoch nicht alle Textilien können mit hohen Temperaturen gewaschen werden!

Zeit

Die Einwirkzeit der Lauge der Wäsche kann durch verschiedene Waschprogramme der Waschmaschine beeinflusst werden, jedoch hat nicht jeder zeit ein 3 bis 4 Stunden-Programm durchlaufen zu lassen. Zeit kann z.B.. auch durch ein Einweichen über Nacht sinnvoll verwendet werden. Auch die Endschleuderzeit einer Waschmaschine hängt mit dem Faktor Zeit zusammen; hier überall gibt es sehr viele Möglichkeiten, wie man durch längere oder auch durch kürzere Zeiten das Programm beeinflussen kann, es gibt z.B.. auch die Zeit, - eine negativ zu wertende Zeit - in der Keime wachsen bei optimalen Bedingungen! Das jedoch wollen wir ja vermeiden.

Mechanik

Die Mechanik ist sehr wichtig. Hier hat der Mensch wenig Einfluss und muss seiner Waschmaschine (Trommelkonstruktion, Schleuderkraft, Programmgestaltung) vertrauen. Trotzdem gibt es aber einige Punkte zu beachten, die wir im Laufe dieses Buches noch besprechen und erörtern. Die verschiedensten Programme haben verschiedenste Möglichkeiten, die man kennen und wissen muss!

Wasser / Chemie

Zum Waschen brauchen wir natürlich Wasser und Waschmittel; ohne ausreichend Wasser geht es nicht! Die Auswahl der Waschmittel und deren Zusammensetzung besprechen wir in Kapitel 4 und 11.

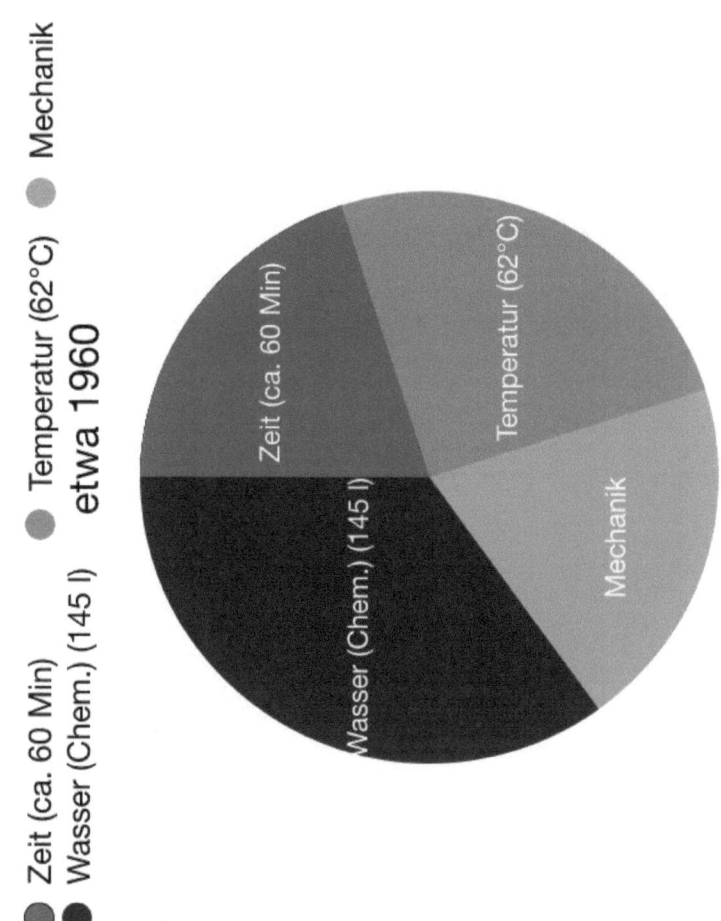

Abbildung 1: Sinnerkreis beim Waschen in Waschautomaten von Baujahr 1958-1986

Der Sinnerkreis auf Seite 9 zeigt die Waschfaktoren beim Wäschewaschen in einem Waschautomat aus den 60er Jahren; es wurde mit viel Wasser und hohen Temperaturen gewaschen, dadurch wurde die Wäsche hygienisch sauber, war mechanisch wenig beansprucht weil die Wäsche schwamm, und die Waschzeit war verkürzt. Kein Programm dauerte mehr als 1,5 Stunden.

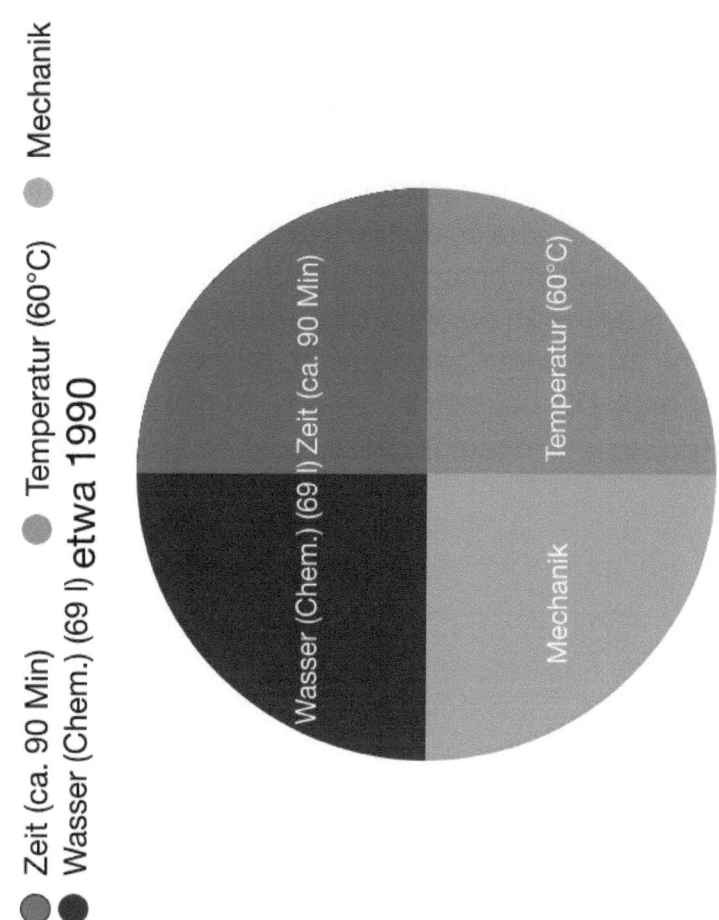

Abbildung 2: Sinnerkreis beim Waschen in Waschautomaten von Baujahr 1988-2005

Der Sinnerkreis auf Seite 11 zeigt die Waschfaktoren beim Wäschewaschen in einem Waschautomaten der Zeit von ca. 1988 - 2005. Hier wurde die Waschtemperatur schon etwas heruntergeschraubt und meist auf die Vorwäsche verzichtet. Die Wasserstände wurden niedriger, deshalb brauchen die Automaten mehr Zeit, um die Wäsche zu durchfeuchten; ausserdem wird die Wäsche etwas mehr beansprucht, da sie mehr aneinander reibt! Die Laufzeit ist ca. 30 - 60 Min. länger als bei den alten Geräten! Hygienisch ist es aber akzeptabel.

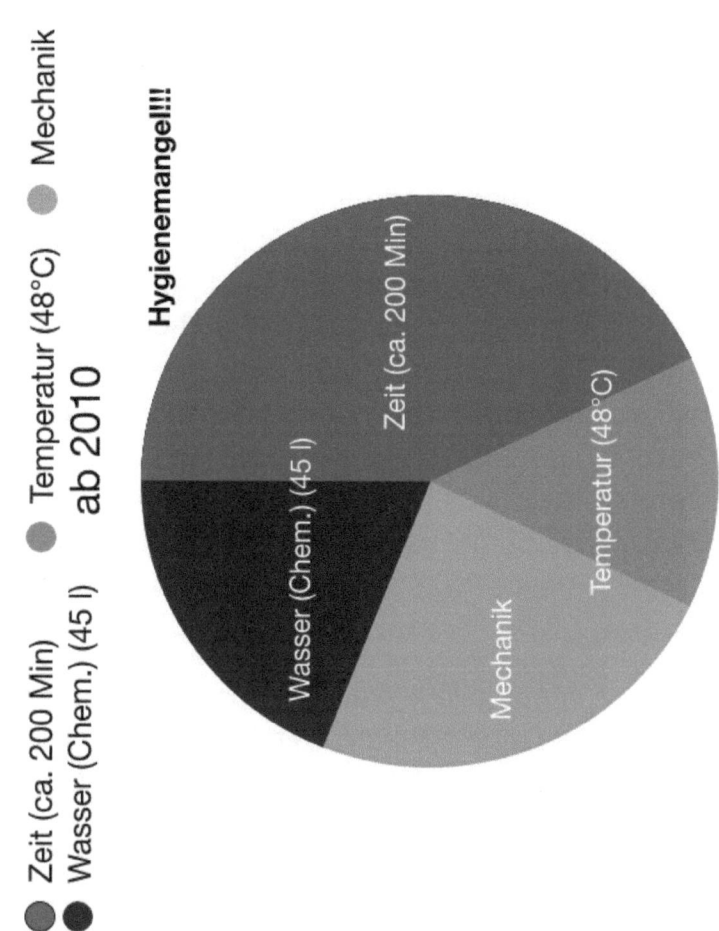

Abbildung 3: Sinnerkreis eines Waschautomaten der Neuzeit

Der Sinnerkreis auf Seite 13 zeigt die Waschfaktoren beim Wäschewaschen in einem Waschautomat der Neuzeit! Hier wird aber deutlich, dass es sehr schwer ist, ein richtiges Waschergebnis zu erzielen, denn die Temperatur ist weggenommen und die Zeit sehr erhöht. Manche neuen Geräte laufen 3 bis 4 stunden, erreichen dabei bei der Anzeige „60°C" nur 45 und bei Kochwäsche nur 70°C, auch wenn 90°C oder 95°C angezeigt wird. Dies hat zur Folge, dass die Wäsche mehr beansprucht ist - auch durch das starke Zwischenschleudern und lange Hauptwäsche. Ein weiterer Nachteil ist, dass sich Keime auf der Wäsche und in der Maschine optimal vermehren können, auch das Spülergebnis leidet durch den geringen Wasserverbrauch!

Es müssen immer alle 4 Waschfaktoren zusammenspielen! Ändert man z.B.. die Zeit, braucht man dafür mehr Temperatur und Wasser, ändert man die Mechanik, braucht man dafür mehr Chemie oder Zeit!

Kapitel 2

Wäsche vorbereiten und sortieren, um zu waschen

Bevor es losgeht, müssen wir zuerst einmal unseren Wäscheberg auseinandersortieren; dabei trennen wir nach weißer Wäsche, heller Buntwäsche, dunkler Buntwäsche, pflegeleichter Wäsche, Feinwäsche und Wolle. Ausserdem sortieren wir nach Waschtemperatur und gegebenenfalls nach Verschmutzungsgrad! Ich mach' jetzt mal aus einem Haufen Wäsche mehrere Waschladungen!

Kochwäsche

Hierzu zählen Baumwollgewebe, Geschirrtücher, Taschentücher, Handtücher weiß und bunt, Spannbettücher, Bettwäsche aus Baumwolle, T-Shirts weiß und bunt ohne Aufdrucke, Baumwollpullover, Arbeitslatzhosen, Putzlappen, Stoffwindeln, unempfindliche Baumwollsocken, Tischdecken und Unterwäsche aus Baumwolle aller Art, sowie Schlafanzüge!

Die Waschtemperatur hier ist je nach Gewebe zwischen 70°C und 95°C zu wählen und die Kochwäsche sortiert man nach reinweiß und bunt; hier dann nach hell und dunkel.

Buntwäsche

Hierzu zählen Jeans, Hosen aus Baumwolle mit Elasthan, Polyestergewebe, Pullover aus Baumwoll-, und

Mischgewebe, T-Shirts mit Aufdruck und nicht farbechte Buntwäsche aus Polyester oder Viskose, Fleecepullover oder Fleecedecken und empfindliche Bettwäsche (Satin).

Hier sortieren wir auch nach hell und dunkel, und nach Empfindlichkeit; unempfindliches für 60° und empfindlich, „ausblutendes" für 40-50°.

Pflegeleichtwäsche

Hierzu zählen Oberhemden, Blusen, feine Hosen, die gerne knittern, empfindliche Buntwäsche; auch schwarze Jeans die gerne Streifen bekommen.

Hier sortieren wir nach hell und dunkel, und nach 60°C und 40-50°C.

Feinwäsche

Hierzu zählen weiße Gardinen, Übergardinen, sehr feine Blusen, selbstgestrickte Socken, wollähnliche Chemiefasern, feine Unterwäsche (Dessous), Stuhlhussen, Anzüge und Anzugshosen, Feinstrumpfhosen und Seide.

Hier Sortiert man nach hell und dunkel, nach Dingen, die in einem Wäschenetz gewaschen werden müssen, wie z.B.. Feinstrumpfhosen und nach stark flusenden Dingen. Man sortiert nach 30° und 40°C Wäsche!

Wolle

Hier werden nur Textilien aus Schurwolle, Lammwolle und aus echten Tierwollgeweben gewaschen; hier brauchen wir ein speziell rückfettendes Waschmittel und das Wollprogramm, meist 30° bis 20°C (**Achtung Sebstgestricktes Socken usw sind meist nicht aus Schurwolle und werden im Feinwaschprogramm gewaschen).**

Kapitel 3

Temperaturwahl

Hat man die Wäsche sortiert, kann man sie in die Waschmaschine geben. Jetzt kommt dann die Frage, welche Waschtemperatur gewählt werden soll! Bei dieser Frage machen es uns die Waschmaschinenhersteller, die Waschmittelhersteller sowie die Textil-industrie nicht leicht. Man liest auf Waschmittelpaketen 20°C kalt aktiv, oder hygienisch rein bei 30°C, und die Waschmaschinenhersteller werben mit Eco-, und Sparprogrammen, wo die Kaltwäsche bis 40°C sauber und auch noch hygienisch werden soll! Hierzu muss ich einfach sagen, dass dies alles Lügen und Märchen sind - und ein Wunschtraum, der einfach so nicht funktionieren kann; aber hierzu im Kapitel „Moderne Waschmaschinen der Neuzeit" mehr! Was hier aber schon vorweg gesagt werden muss, ist, dass die Temperatur, die wir an unserer Waschmaschine einstellen, bei modernen geräten nie erreicht wird, und auch selten über einen längeren Zeitraum gehalten wird, da ja die neuen Geräte Energielabel A+++ erreichen müssen und dieses nur schaffen, wenn sie bei der Temperatur sparen!

Die Textilindustrie sichert sich ab, denn in jedem Kleidungsstück oder dessen Verpackung ist eine Waschanleitung mit dabei und dort wird angegeben, auf welcher Temperatur man die Textilie waschen kann; natürlich muss man wissen, dass diese Temperatur im Etikett schon eine gewisse Richtschnur ist, aber auch, dass die Hersteller sich natürlich absichern, und es in den meisten Fällen auch möglich ist, die Textilien heißer zu waschen als angegeben. Aber hier spielt das Material grundsätzlich eine große Rolle, z.B.. Baumwolle 100% kann in der Regel meistens auf 95°C Kochwäsche gewaschen werden, so auch Frottee-Bettwäsche und Handtücher, oft steht aber 60°C in den Etiketten, weil eben die Hersteller sich absichern wegen der Farbe und den Aufschriften auf den Textilien. Ausserdem rechnen die Hersteller damit, dass falsche Waschmittel verwendet werden; so ist es z.B.. auch zu empfehlen, bei bunter, farbiger Wäsche ein Colorwaschmittel ohne Bleiche, dafür aber mit Farbschutz zu verwenden, damit die Farben auch beim Waschen von hohen Temperaturen nicht ausbleichen und matt werden! Grundsätzlich ist z.B.. bei Unterwäsche, Küchenwäsche, Bettwäsche, Stofftaschentüchern und Putzlappen schon beim Kauf darauf zu achten, dass man diese Textilien auf einer Mindesttemperatur von 60°C Waschen kann!

Auch bei Textilien, die wir unmittelbar auf der Haut tragen und viel reinschwitzen, z.B.. bei Hemden und T-Shirts, ist beim Kauf auf deren Waschtemperatur zu achten! **Denn was man mit 37°C Körpertemperatur reinschwitzt, kann man nicht mit 30°C wieder rauswaschen!** Ich hab es oft erlebt, dass Hausfrauen oder andere Personen mir sagen: ich bekomm' den Schweißgeruch einfach nicht aus der Textilie heraus, die Wäsche riecht nach dem Waschen etwas muffig und nicht so frisch. Woran kann das liegen???

Oft werden diese Gerüche und Düfte, die durch das Waschen mit niedriger Temperatur nicht entfernt werden können, mit sehr vielen Duftstoffen in modernen Waschmitteln überdeckt, oder mit einer hohen Dosis an Weichspülern, die der Umwelt schaden, überparfümiert! Ich habe ihn schon oft erlebt: so einen Parfüm-Schweiß-Muff-Geruch, der durch das Niedrigtemperaturwaschen insbesondere von Baumwollgewebe entsteht; die Kleidung ist zwar optisch sauber, aber eben nicht rein! Es ist auch darauf aufmerksam zu machen, dass sich die Keime bei Temperaturen von 30-40°C in der Waschmaschine sogar sehr wohl fühlen, und so in einem Ökoprogramm das bei 60°C gestartet wird aber nur ca. 40-45°C erreicht und dafür 3 bis 4 Stunden dauert, sich die Keime optimal vermehren können, denn sie haben Feuchtigkeit und Nahrung (Hautfette und Schmutzparikel). Und so hat die Wäsche nach dem waschen mehr Keime als zuvor. Wenn man dann noch überlegt, dass man vielleicht Unterwäsche und Socken zusammen mit Geschirrhandtüchern und Spüllappen auf 40°C in der Trommel hat, und dann wieder Gläser damit abtrocknet, und so vielleicht die Keime von der Unterwäsche nun an den Gläsern sind, oder Schimmelpilze oder Fußpilz von Socken an der Unterwäsche oder gar an Säuglingskleidung ist, dann ist das sehr bedenklich!

Auch verkeimt uns unsere Waschmaschine mit der Zeit, und wenn wir schon aus der Waschmaschine heraus einen alarmierenden Geruch wahrnehmen, obwohl noch gar keine Wäsche drin ist, dann ist höchste Alarmstufe, und dann ist es einfach Zeit, dringend über unser Waschverhalten nachzudenken und uns intensiv damit zu beschäftigen!

Ich empfehle, wenn möglich, die meisten Textilien, besonders die Unterwäsche, Handtücher und Geschirrtücher, Babywäsche auf einem Normal-, oder Hygieneprogramm (bei neuen Geräten) von mindestens 60°C zu waschen, und darüber hinaus mindestens einmal pro Monat gerne auch öfter auf 90°C oder 95°C Kochwäsche zu waschen! Denn erst ab 60°C lässt sich zum Beispiel Schweißgeruch in Verbindung mit einem guten Pulverwaschmittel sicher entfernen; auch Fette und Öle werden bei hohen Temperaturen besser gelöst, und oft brauchen auch Flecken diese Temperaturen, um besser gebleicht werden zu können! Bunte Textilien wäscht man mit einem Color-Waschpulver, weiße und helle, auch farbechte Textilien wäscht man mit einem Vollwaschmittel in dem Bleiche und optische Aufheller enthalten sind.

Waschtemperaturen von 30° bis 40°C haben nur bei Textilien, die wirklich nicht mehr vertragen, ihre Berechtigung, z.B.. bei Feinwäsche, Wolle, Seide, oder Textilien aus Kunststoffen, die auch keine Gerüche annehmen!

Manche Flecken, z.B.. von Blut, Eiweiß und Stärke werden durch die Enzyme im Waschmittel gelöst; diese wirken tatsächlich bei niedrigen Temperaturen von 30°-

40°C am besten, bei solchen Anschmutzungen ist manchmal eine Vorwäsche sinnvoll (bei sehr alten Waschautomaten), die meisten neuen Geräte ab Baujahr 1990 haben eine Bio-Enzymphase, und waschen 5 bis 10 Minuten bei erreichten 40°C, und heizen erst danach weiter auf!

Was auch oft ein Thema ist, ist das Thema Hygienespüler bei niedrigen Waschtemperaturen! Davon rate ich eher ab, weil die Hygienespüler die Gewässer belasten und nicht die gewünschte Wirkung erzielen, die sie aber versprechen. Besser und wichtiger ist es, Textilien, die man wirklich nicht heiß waschen kann, wie z.B. selbst gestrickte Socken usw. nach dem waschen sehr gut zu trocknen und an die frische Luft zu hängen! Denn: ist ein Textil ganz trocken, können auch keine Keime wachsen, denn die Keime brauchen meist Feuchtigkeit. Übrigens: wenn ich meine eigenen Socken wasche, habe ich dann auch nur wieder meine eigenen Keime! Wer natürlich ganz auf Nummer sicher gehen will, muss sich dann natürlich Baumwollsocken kaufen, die er bei höheren Temperaturen waschen kann!!

Abschliessend muss ich sagen, dass jeder selbst für sich seine richtige Waschtemperatur für seine Textilien bestimmen muss, und dass es auch manchmal gut ist, zu riskieren etwas heißer zu waschen! Was natürlich mal passieren kann, ist, dass man bei Hemden oder Blusen, die man heiß gewaschen hat, etwas mehr Bügeln muss; hier kann man ja abwägen, was einem wichtiger ist: Hygiene und dafür ab und an etwas mehr bügeln, oder eben Schweißgeruch, den man nicht los bringt! Ich selbst bin auch ein Freund von Zwischentemperaturen, z.B. 75°C, oder 50°C bei Textilien, wo ich mir keine Kochwäsche trau', oder mir 60°C zuviel ist! Leider haben manche Geräte diese Zwischentemperaturen nicht; hier muss man dann eben einen Kompromiss finden! Oft ist es auch sinnvoll, z.B. bei Hemden, dass man sie meist auf 40°C wäscht, aber alle etwa zehn Wäschen dann mal auf 60°C, um Gerüche und Keime besser zu eliminieren. Dann muss man nur alle zehn mal intensiver bügeln!

Kapitel 4

Wie viel und welche Waschmittel brauche ich?

Wenn wir in die Waschmittelregale schauen, sehen wir Unmengen an Waschmitteln: Pulver, Flüssiges, Feinwaschmittel, Waschmittel für Schwarzes, Gardinenwaschmittel, Caps, Tabs, Jumbopacks, Spezialwaschmittel für Wolle, etc. Bei einer solchen Vielzahl an Auswahl fällt die Entscheidung oft schwer!

Wir unterscheiden nun erstmal nach Pulverwaschmittel und flüssigem Waschmittel!

Vorteile bei Pulvern sind: sie lassen sich gut dosieren mit dem Dosierbecher, und es können bei Vollwaschmittel Bleiche und Bleichaktivatoren (Aktivsauerstoff) im Waschmittel enthalten sein! Deshalb haben Pulverwaschmittel die bessere Waschkraft insbesondere bei Flecken und bleichbarem Schmutz, ausserdem haben sie Zeolithe zum Wasserenthärten, was für die Umwelt besser ist, und somit auch die Gewässer weniger belastet. Ausserdem haben Vollwaschmittel durch die Bleichwirkung eine bessere Desinfektion, weil die Bleiche bei 60°C und einer langen Temperaturhaltezeit schon Keime und Bakterien abtötet!

Anders bei Flüssigwaschmitteln! Sie können keine Bleichmittel enthalten; auch haben sie kein Zeolith zum Wasserenthärten, sondern einen sehr hohen Tensidegehalt. Dadurch neigen sie eher zum Schäumen, und lösen auch Öl und Fett sehr gut, aber belasten die Umwelt deutlich mehr, und sie können bleichbare Flecken einfach nicht entfernen !

Deshalb ist die beste Wahl ein gutes Pulverwaschmittel

Dosierung und Aufteilung der Waschmittelmenge richtet sich nach dem Verschmutzungsgrad, sowie der Wasserhärte des Wassers! Ein Richtwert sind die Angaben auf den Waschmittelpacketen, jedoch ist vor allem auch die Verschmutzung zu beachten, denn Wäsche kann z.B.. durch Hautfette, Öl und Schmiere z.B.. stark verschmutzt sein; auch Bettwäsche, die vier Wochen benutzt wurde, hat viel Schweiß und Hautfette aufgenommen, auch wenn sie optisch sauber ist! Hier braucht man oft die Dosage für starkverschmutzte Wäsche, bei Extremanschmutzung sogar manchmal mehr, als auf dem Waschpulverpaket steht! Bei anderen Textilien, die z.B.. nur staubig sind, oder dem Pullover, den man nur einmal getragen hat, dem T-Shirt, das man täglich wechselt und die Unterwäsche vom täglichen Gebrauch ohne erkennbare Anschmutzung, - hier reicht meist die Dosage von leicht bis normalverschmutzter Wäsche! Es ist auch auf dem Waschmittelpaket zu beachten, für welche Menge an Wäsche die Waschmitteldosage-Empfehlung auf dem Paket abgedruckt ist! Oft ist bei flüssigen Feinwaschmitteln nur die Dosage für 2,5kg Wäsche angegeben, wenn man aber damit dunkle Buntwäsche von z-B. 4kg wäscht, braucht man entsprechend auch mehr Waschmittel. Es ist sinnvoll, nach ca. 30 Minuten Waschzeit mal in das Bullauge seines Waschautomaten zu sehen, denn dann sieht man die Schaumbildung bei der Hauptwäsche! Sieht man nichts als Schaum, dann hat man eindeutig überdosiert: dann sollte man das nächste Mal weniger Waschmittel einfüllen! Seht man nur trübes Wasser, aber keinen einzigen Schaum, dafür aber eher dass das Wasser, das sogar am Bullauge abperlt: dann hat man eindeutig unterdosiert! Wenn man etwas Schaum sieht bis maximal zur Hälfte des Bullauges, dann hat man ein gesundes Schaumbild und richtig dosiert. Die Dosierung des gleichen Waschmittels kann sich je nach Stoff und Verschmutzung mal verdoppeln, mal halbieren; um hier das richtige Maß zu finden, sind auch Erfahrungswerte wichtig, die man mit der Zeit aber selbst herausfindet!

Generell gilt jedoch: es ist besser, eher etwas überzudosieren, als viel zu wenig Waschmittel zu verwenden. Jedoch wird durch zu viel Schaumbildung auch die Waschmechanik gehemmt, da die Wäsche nur noch in den Schaum fällt und man bei starker Überdosierung dann auch ein schlechtes Waschergebnis erhält, und dann sogar weiße Waschmittelreste auf der Buntwäsche zurückbleiben können. Deshalb bleibt die Waschmitteldosierung eine Wissenschaft, und jeder, der wäscht, wird sich hier ab und an auch mal vertun! Wichtig ist immer zu dosieren und nicht einfach mit einem Löffel unüberlegt eine unbestimmte Menge einzuschaufeln! Wer sich das gar nicht zutraut, sollte auf Waschmittel Caps oder Tabs umsteigen, da liegt man dann meist bei der Dosage nicht ganz daneben!

Abbildung 4: diese Maschine schäumt über, es wurde zu viel Waschmittel verwendet

Abbildung 5: hier wurde richtig dosiert

Drei Waschmittel reichen im normalen Haushalt aus!

Erstens

Ein **Vollwaschmittel** benötigen wir für alle weißen und hellen Textilien, z.B.. weiße Unterwäsche, Handtücher, helle und weiße Hemden und Gardinen; wir verwenden es auch für farbechte, unempfindliche Buntwäsche.

Das Vollwaschmittel bietet die höchste Waschkraft, da es Bleichmittel und optische Aufheller enthält; es kann im Temperaturbereich von 30°C - 95°C eingesetzt werden, aber die volle Bleichwirkung entfaltet das Vollwaschmittel immer erst ab ca. 60°C. Außerdem enthält das Waschmittel Enzyme, die organische Verschmutzungen wie Blut, Eiweiß, Stärke usw. spalten!

Zweitens

Das **Colorwaschmittel** benötigen wir für etwa 60% unserer gesamten Wäsche; alles Bunte und Farbige, bunte Handtücher, auch Fleecepullover, dunkle und bunte Bettwäsche, dunkle Unterwäsche, auch für Blusen und bunte oder dunkle Hemden. Auch Feinwäsche kann damit ohne Bedenken gewaschen werden! Colorwaschmittel enthalten keine Bleichmittel und optischen Aufheller, aber dafür Inhaltsstoffe, die die Farben schützen und erhalten; auch Stoffe, die die Farbübertragung hemmen und Verfärbungen eher vermeiden! Deshalb ist es auch möglich, bunte Wäsche auf höheren Temperaturen, z.B.. 60°C - 90°C zu waschen, ohne dass man Angst vor Ausbluten und Verfärbungen haben muss! Das Waschmittel enthält meist mehrere Enzyme für Eiweiß, Stärke, Blutverschmutzungen und andere organische Flecken! Starke Flecken sollte man jedoch vorbehandeln, z.B.. mit Gall-, oder Kernseife, oder auch mit einfacher Schmierseife.

Drittens

Das **Wollwaschmittel (Pulver oder flüssig)** benötigen wir für unsere feinste Wäsche und für Wolle; auch Wollsocken und selbst Gestricktes waschen wir damit! Beim Kauf eines Wollwaschmittels ist darauf zu achten, dass es keine Enzyme enthält, da durch Enzyme Woll-, und Wollmischgewebe eher filzen! Mit diesem Waschmittel können wir auch Anzüge oder Anzugshosen im schwimmenden Waschverfahren schonend waschen und pflegen!

Mit diesen drei Waschmitteln kommt man in einem normalen Haushalt gut zurecht; mehr braucht man eigentlich nicht!

Was aber dennoch nicht schlecht wäre, wäre eine Neutralseife oder Gallseife zur Vorbehandlung von Flecken, oder einfach ein Vorwaschspray! Von teueren Fleckensalzen und ähnlichen Mitteln rate ich jedoch ab!

Wer viele schwarze Textilien hat und diese komplett getrennt wäscht, für den wäre vielleicht noch ein flüssiges Feinwaschmittel zu empfehlen, das schont besonders schwarze Jeans und jeansähnliche Stoffe! Aber es ist nicht zwingend notwendig, denn Schwarzes kann auch mit Colorwaschmittel bei geringer Trommelfüllung und hohem Wasserstand sehr schonend behandelt werden!

Weichspülmittel

Weichspülmittel verwenden wir eher selten: bei Handtüchern auf keinen Fall, weil sie dadurch eine schlechtere Trocknungswirkung haben. Weichspüler belasten die Umwelt und kosten unnötiges Geld; die einzigen Wäscheposten, wo sie wirklich ein Segen sind, ist bei selbst Gestricktem und Wollmischgewebe, weil da die Wolle wirklich superweich wird, ebenso bei knitterempfindlichen Hemden und Blusen, da diese dann besser und leichter zum Bügeln gehen als ohne Weichspüler! Bei Gardinen und Übergardinen umschliesst der Weichspüler die Fasern, und die Gardinen haben einen besseren Schutz gegen Neuanschmutzung durch Staub usw. Nur bei diesen Wäscheposten Weichspüler nach Dosiervorschrift auf der Flasche verwenden!

Im Themenbereich Waschmittelinhaltsstoffe könnt ihr noch mehr über Inhaltsstoffe und Wirkungsweise der Waschmittel erfahren!

Kapitel 5

Wie befülle ich meine Waschmaschine richtig?

Abbildung 6: diese Maschine ist bis oben vollgestopft mit Wäsche; sie ist überladen.

Abbildung 7: diese Maschine ist etwa richtig beladen; die Wäsche hat Platz, um sich zu entfalten.

Normalwaschgang mit Koch-, und Buntwäsche

Hier darf die Waschmaschine komplett gefüllt werden; es ist darauf zu achten, die Wäsche **nicht mit Gewalt hineinzustopfen und reinzupressen**, sondern die Wäsche locker und auseinander gefaltet in die Waschtrommel geben, am besten große und kleine Wäschestücke gemischt.

Wichtig: Taschen leeren, Reissverschlüsse schliessen, bei Kopfkissen und Bettbezügen die Knöpfe schliessen! Das normale Füllverhältnis in Trommelwaschmaschinen beträgt 1/10: also 10 ltr Trommelvolumen ist 1 kg Wäsche! Das wäre dann die richtige Beladung! Wenn man zu viel hineinfüllt, und sich die Wäsche nur im Kreis dreht, dann hat man keinen Wascheffekt; die Wäsche sollte fallen können und sich während des Waschens ständig umschichten!

Eine Faustregel ist auch: wenn man die nasse Wäsche in der Trommel anschaut, sollte das obere Drittel der Trommel zu sehen sein. Dann hat die Wäsche genügend Platz! 5 kg Wäsche entspricht ca. 3 Kopfkissenbezügen ,3 Bettbezügen, und 3 Spannbetttüchern von normalgroßen Betten! Bei sehr stark verschmutzter Wäsche ist es auch sinnvoll, eher weniger einzufüllen!

Pflegeleichtwäsche: Oberbekleidung, Hemden, Gardinen

Hier wird meist in der Pflegeleicht-, oder Feinwäsche gewaschen, deshalb sollte man die Trommel etwa nur halb voll, ca. 2,5 kg befüllen, damit es bei Gardinen keine Knitterbildung gibt, oder Hemden sich besser entfalten können und im Schleudergang sich auch wieder von der Trommel lösen und knitterfrei bleiben! Bei Hemden sagt man: je nach Größe so 6-8 Stück ist eine pflegeleichte Ladung bei einer 50 ltr Trommel! Bei empfindlicher Oberbekleidung ist es auch oft nötig, noch weniger einzufüllen, z.B.. bei einem Anzug, der im Wasser schwimmen muss. Da ist oft ein Teil ausreichend in der Feinwäsche! Stattdessen kann man bei Wollsocken die Trommel zu 3/4 füllen, weil es ja lauter Kleinteile sind!

Generell gilt: bei großen Teilen eher weniger einfüllen, und wenn man nur Kleinteile hat, kann man das Gerät eher voll machen!

Achtung: Wir rechnen immer 10 ltr Trommelvolumen gleich 1 kg Wäsche!

Die Maschinenhersteller heute werben mit großen Füllmengen und haben große Einfüllöffnungen, aber in Wirklichkeit kleine Trommeln und falsche Angaben, die von der Wirklichkeit weit entfernt sind!

Deshalb Tipp: Beim Neukauf einer Maschine bitte immer nach dem Trommelvolumen in Liter fragen, und dann die wirkliche Füllmenge ausrechnen! Oft entpuppt sich die riesige 9 kg Maschine dann als echte 6 kg Maschine - oder das Raumsparmodell mit angegebenen 6 kg in Wirklichkeit als 3,5 - 4 kg-Gerät! Wir sollten beim Waschmaschinenkauf darauf achten, dass wir uns nicht von irrsinnig niedrigen Verbrauchswerten täuschen lassen, die in der Praxis gar nicht stimmen, weil wohl kaum einer im Ökoprogramm das 4 Stunden dauert, wäscht und gerade dieses Programm und kein anderes die Energieeffizienzklasse A+++ erreicht, ein anderes Programm dagegen braucht genau so viel Energie wie ihr altes Gerät, das vielleicht 20 oder 30 Jahre alt ist!

Kapitel 6

Wie viel Programme brauche ich und welches Programm wähle ich bei welcher Wäsche?!

Heutzutage haben moderne Waschmaschinen eine Unmenge an Programmen und Programmkombinationsmöglichkeiten, wo der Bediener es wirklich nicht leicht hat bei der Frage, welches Programm er einsetzen soll! Wir beleuchten jetzt verschiedene Möglichkeiten und Programme, und schauen uns verschiedene Programmabläufe mal genauer an!

Waschautomaten von 1960 bis ca. 1990 gebaut

Bei alten, qualitativ sehr hochwertigen Waschmaschinen war es so, dass es sehr wenig Möglichkeiten gab. Man hatte Koch-, und Buntwäsche mit und ohne Vorwäsche, hatte meist einen Temperaturwähler, bei dem man die Temperatur frei einstellen konnte von kalt bis 95°C. Das heißt, man konnte auch auf 70°C, 80°C, 65°C, oder 50°C waschen und seine Temperatur optimal dem Waschgut anpassen!

Stark verschmutzte Wäsche mit viel Schmutzfracht wusch man mit Vorwäsche; hier wurden die ersten 20 ltr Lauge auf ca. 40°C erwärmt nach 20 Min. Vorwaschzeit wurde das Wasser abgepumpt und zur Hauptwäsche neu 15 ltr Lauge nachgefüllt. Dann lief die Maschine ca. 30 Min., heizte mit einer 3000 Watt Heizung in der Zeit das Wasser auf, und als die eingestellte Temperatur erreicht wurde, wusch die Maschine noch ca. 10-15 Minuten bei Höchsttemperatur; sie heizte gegebenenfalls nach. So hatten wir eine Gesamtwaschzeit von min. 10 Min. bei eingestellter Temperatur! Danach wurde die Lauge mit reichlich Frischwasser aufgefüllt und es wurde mit hohem Wasserstand nochmals 2-3 Min. weitergewaschen. Durch das Frischwasser, das nun zur Hauptwaschlauge zugeführt wurde, wurde die Wäsche zum einen schonend abgekühlt, ohne dass diese einen Temperaturschock zu erleiden hatte, zum anderen wurde die Lauge nochmals neu aufgewertet durch das zufliessende Wasser, und der Hauptschmutz wurde dann abgepumpt! Danach folgten 4-5 Spülgänge mit Frischwasser - ca. 20 ltr pro Spülgang. Nach dem 3. und 4. Spülgang wurde die Wäsche zwischengeschleudert und zwar von der langsamen Waschdrehzahl gleich in eine Schleuderdrehzahl von 400-1000 Touren (Umdrehungen) - je nach Modellen. Dadurch wurde das Wasser schlagartig aus der Wäsche hinausgeschleudert und peitschte am Bottich entlang; es reinigte so den Bottich der Maschine auch gleich mit, und sowohl Wäsche als auch Maschine waren sauber! Das Spülergebnis war hervorragend, da durch die 5 Spülgänge sehr gut gespült war! Die Wäsche war nach dem Programm auch gut ausgeschleudert, weil das gerät 7-8 Minuten die Schleuderdrehzahl von 700-1000 Touren gehalten hat! Natürlich gilt: je höher die Drehzahl, desto trockener die Wäsche. Es gab auch billigere Waschautomaten, die nur

300-600 Touren hatten; hier ist der Vorteil, dass die Wäsche knitterfreier und lockerer aus der Maschine kam! Früher wurde meist ein Programm für die gesamte Wäsche verwendet, weil die Geräte schonend, schnell, gründlich und mit viel Wasser wuschen, und wenn wir mehr Wasser in der Trommel haben, ist die Wäsche geschont, da durch den Wasserfilm zwischen den Textilien sich die Wäsche nicht so heftig aneinander reibt. Ausserdem ist bei höherem Wasserverbrauch ein besseres ausschwemmen möglich; zudem wurde bei alten Automaten weniger und nicht so hochtourig geschleudert, was auch dem Waschgut zugute kam! Man hatte für alles ein Programm, alles war optimal gepflegt, und alles war denkbar einfach! Nur für Gardinen verwendete man das eine Schonprogramm, das es meist gab, bei dem sich die Trommel weniger drehte und wir ein schwimmendes Waschverfahren hatten: mit halb vollem Laugenstand, wo die Gardinen und die Feinwäsche richtig baden konnten! Im Anschluss gab es die Möglichkeit, ein Kurzschleuder-, oder Glattschleuderprogramm anzuschliessen, oder nur das Wasser abzupumpen und die Wäsche tropfnass zu entnehmen!

Die Waschzeiten dieser Geräte betrugen meist bei Kochwäsche 95°C mit Vorwäsche ca. 2 Stunden und für Buntwäsche ohne Vorwäsche ca. 60 Minuten, der Wasserverbrauch lag meist zwischen 100 und 150 ltr je nach Maschine, und der Energieverbrauch bei 60°C ca. bei 1,5 KWh und bei der Kochwäsche natürlich 2,5

KWh und mehr! Jede Wäsche, die aus diesen Geräten herauskam, war optimal gepflegt, sauber und hygienisch! Jeder, der so eine Maschine noch heute besitzt und in Gebrauch hat, darf sich glücklich schätzen, denn die Geräte sind zwar alt, aber halten, was sie versprechen! Sie haben zwar einen höheren Wasserverbrauch und einen etwas höheren Energieverbrauch, aber sie erreichen zuverlässig ihre Temperatur, schonen die Wäsche, und sind durch ihre ewige Haltbarkeit umweltschonend, da keine neuen Geräte produziert werden müssen!

Waschautomaten von ca. 1990 - 2000

In dieser Zeit ging es so langsam los, dass die Waschautomaten sparsamer wurden, und es mehr Programmvielfalt gab! Die Maschinen waren meist noch sehr solide gebaut, mit Edelstahlbottich und relativ guter Heizleistung; sie hatten oft noch eine freie Temperaturwahl und erreichten immer - ausser im Energiesparprogramm ihre Temperatur! Die Waschzeiten waren jedoch schon etwas verlängert, da diese Maschinen schon eine Unwuchtkontrolle und Sanftanlauf beim Schleudern hatten. Der Programmablauf war meist folgendermaßen:

Die Maschine holte ca. 15 ltr Wasser in mehreren Etappen und durchfeuchtete in den ersten 10 Min. des Waschgangs die Wäsche. Dann wurde die Heizung zugeschaltet und auf die gewünschte Temperatur von z.B.. 60°C aufgeheizt. Der Prozess dauerte ca. 40 Min.

Dann wurde die Temperatur ca. 10-20 Minuten aufrecht erhalten durch nachheizen. Da der Wasserstand relativ niedrig war, brauchte man etwas weniger Energie als bei den älteren Geräten; die Gesamthauptwaschzeit betrug ca. 60-70 Minuten. Anschliessend wurde die Lauge nicht reaktiviert. Meist fand ein Zulaufen von Frischwasser nur bei über 75°C Waschtemperatur zur Laugenabkühlung statt! Danach wurde auch zwischengeschleudert und im Anschluss dreimal, bei manchen Geräten auch noch viermal mit relativ niedrigem Wasserstand gespült - ca. 15 ltr pro Spülgang - es wird jedoch nach jedem Spülgang mit 700-1000 Touren geschleudert und so trotz des wenigen Wassers ein gutes Spülergebnis erzielt. Die Endschleuderdrehzahlen wurden in dieser Zeit immer weiter bis 1800 Touren erhöht, wodurch die Wäsche sehr gut entwässert wurde! Die Geräte hatten in dieser Zeit einen Stromverbrauch von ca. 1KWh und einen Wasserverbrauch von 50-75 ltr im Programm Buntwäsche 60°C - je nach Gerät - und waren somit relativ sparsam, aber dennoch gut! Sie hatten auch noch verständliche Programme wie Koch-, und Buntwäsche, Pflegeleichtwäsche, Feinwäsche und Wolle! Meist hatten sie sinnvolle Zusatztasten, wie z.B.. Wasser Plus, Kurz, Einweichen oder Vorwäsche; die Schleuderdrehzahl konnte man auch in zwei oder mehr Stufen verändern und war so variabel! Die Technik war jedoch schon etwas anfälliger als die der alten Geräte, und das Waschen war etwas weniger schonend durch die Zwischenschleudergänge und niedrigen Wasserstände. Dennoch kann ich empfehlen: jeder der noch so ein Gerät hat, der sollte es erhalten, pflegen und reparieren lassen.

Die modernen Waschautomaten von Baujahr 2000 bis heute (2019)

Haben sie schon einen technisch neueren Waschautomat mit Vollelektronik und Ökosystem? Dann wird die Wahl der Waschprogramme meistens schwerer! Meist kann man Wählen zwischen Öko, Normal, Leicht, Kurz, Miniprogramme, die 15 Min dauern, Pflegeleicht, Jeans, Bettdecken, Dessous, Synthetik, Baumwolle; dann hat man die Möglichkeit Wasser Plus, oder Spülen Plus zu wählen. Meist sind die Temperaturen fest zugeordnet; 50°C oder 75°C gibt es nur bei den Hochpreisigsten Modellen, ausserdem gibt es auch noch ein Trommelreinigungsprogramm und einen Wähler für die Schleuderdrehzahl! Ein großes Display mit einer Zeitanzeige. Die moderne Hausfrau oder der moderne Hausmann steht nun vor der Maschine und ist erstmal überfordert von der Vielzahl der Möglichkeiten. Dann wählt man im Optimalfall für die Wäsche ein Baumwolle-Programm 60°C und merkt dass die Waschzeit 2h 40 Min beträgt. Natürlich denkt man sich dann: das ist mir doch zu lange und wählt Kurz oder Zeitsparen, damit dann die Waschzeit sich auf 1h 59 Min verkürzt!

Nun schauen wir uns mal den Waschprozess in einem neuen Gerät an - bei Buntwäsche 60°C. In den ersten 20 Minuten des Programms holt die Maschine immer schluckweise Wasser, und es dauert ca. 20 Min., bis alles nass ist. Dann hat die Maschine die Wäsche durchflutet - jedoch in der Trommel befindet sich sehr wenig Wasser. Ganz unten findet sich ganz wenig Wasser - gerade so viel, dass die Mitnehmer in der Trommel das Wasser nach oben transportieren. Die Laugenkonzentration ist natürlich höher als früher! Dann, nach ca. 30 Min., setzt sich die Heizung in Gang, meist eine 1500-2000 Watt-Heizung! Nun braucht die Maschine ca. weitere 30-40 Minuten, bis sie mit dieser schwachen Heizung Wäsche und Wasser auf maximal 59°C gebracht hat! Beim Kurzprogramm wird dann ohne Nachheizen ca. 1 bis 5 Min. nachgewaschen, beim Normalprogramm ca. 30 Minuten. Nachgeheizt wird jedoch nicht, um Energie zu sparen! Nach der Hauptwäsche erfolgt keine Reaktivierung der Lauge wie früher, sondern die heiße schmutzige Lauge wird abgepumpt und die Maschine schleudert direkt nach der Hauptwäsche mit ganz sanftem Anlauf die Wäsche an; dadurch wird die Dreckbrühe aus der Wäsche herausgeschleudert und schön im ganzen Laugenbehälter, der aus Kunststoff ist, verteilt und bäckt sich dort durch die Temperatur noch fest! Nach diesem Schleudern mit 1000 Touren haben wir beim Kurzprogramm eine Waschzeit von ca. 1h bereits erreicht - beim Normalprogramm ca. 2h! Nun wird einmal sehr lange gespült mit einer ca. 1/3 voller Trommel Wasser. Dieses erste Spülwasser ist dann noch sehr laugig! Nach dem Spülen wird erneut mit ca. 1000 Touren Zwischengeschleudert - falls die Maschine keine Unwucht hat! Denn hat sie Unwucht, wird das Schleudern abgebrochen, die Wäsche neu verteilt, und wieder neu versucht, anzuschleudern! Dieser Prozess kann bis zu 30 Min. lang wiederholt werden, und wenn die Wäsche sich dann immer noch nicht richtig verteilt hat, wird eben nicht geschleudert, da der Waschautomat bei so hoher Unwucht sich eventuell selbst zerstören würde, da er ja aus Plastik ist und sehr leicht gebaut! Die Zeit im Display stimmt deshalb meistens nicht und wird über das komplette Programm immer wieder angepasst und oft verlängert oder bei Teilbeladungen etwas verkürzt! Nach dem ersten Spülgang erfolgt meist der zweite und letzte spülgang... Durch das intensive Zwischenschleudern hat man also 3 Spülgänge gespart! Das letzte Spülwasser ist aber nicht optimal und klar - aber gerade noch OK! Die Maschine hat aber nun nur 40-45 ltr Wasser verbraucht, und nur maximal 1KWh Strom! Dafür ist die Temperaturhaltezeit, die man zum Keime abtöten braucht 0 Minuten und die Wäsche ist durch die intensive Schleuderei und lange Waschzeit mehr beansprucht als bei alten Geräten; ausserdem reibt sie sich mehr aneinander, weil weniger Wasser in der Trommel ist und auch die Lauge mehr konzentriert ist!!

An diesen zwei Beispielen wollte ich nun mal die Arbeitsweise von neuen und alten Waschautomaten zeigen! Sie können nun selbst entscheiden was ihnen besser gefällt!?

Ich werde nun im folgenden Kapitel beschreiben, wie man neue Waschautomaten überlisten kann, damit Sie ein vernünftiges Waschergebnis erhalten, und ihr Gerät auch auf einem hygienischen Stand gehalten werden kann!

Kapitel 7

Tipps und Tricks beim Waschen im modernen Waschautomat

- Maschine nicht so vollstopfen

- keine Ökoprogramme verwenden, denn Ökoprogramme waschen ewig, und gleichzeitig erreichen sie anstatt z.B.. 60°C nur ca. 40°C oder anstatt 40°C nur 30°C, und durch die lange Waschzeit werden dann Keime sogar vermehrt! Die Wäsche wird ausserdem stark beansprucht!

- Wasser Plus oder Spülen Plus bei neuen Geräten immer drücken! - Dann wird gegebenenfalls mit höherem Wasserstand gewaschen, und auch ein Spülgang mehr durchgeführt. Das ist sowohl für die Hygiene als auch die Maschine von Vorteil.

- bei leichtverschmutzter Wäsche kann die Funktion Kurz und Wasser Plus gemeinsam gewählt werden!

- oft auf hohen Temperaturen waschen! Da moderne Spar-Waschmaschinen nur noch einmal aufheizen und nicht mehr nachheizen, ist es wichtig, dass die Maschine ca. 1 Mal im Monat im Programm Kochwäsche 90°C läuft, denn in diesem Programm erreicht das Gerät dann meist etwas über 70°C, was für Wäsche und Waschmaschinenhygiene sehr wichtig ist.

- Hygieneprogramme gibt es bei den meisten neuen Waschautomaten! Diese auch nutzen - und z.B.. besonders für Unterwäsche, Lappen und Bettwäsche verwenden, denn in diesem Programm heizen die modernen Geräte als Einzigstes nach, und halten die Temperatur, die eingestellt ist, ca. 15 Minuten.

- Die Schleuderdrehzahl kann, wenn die Wäsche nicht im Wäschetrockner getrocknet wird, meist reduziert werden auf 800 oder weniger, denn dadurch wird das Bügeln erleichtert! Die meisten modernen Waschautomaten haben einen Wähler, wo man die Drehzahl in 200-Stufen-Schritten reduzieren oder erhöhen kann! Wenn man im Wäschetrockner trocknet, ist es sehr wichtig, immer auf höchster Drehzahl zu schleudern, weil man dann im Wäschetrockner Energie sparen kann!

- Nicht farbechte Buntwäsche und Jeans eher auf dem Pflegeleicht-Programm oder Jeansprogramm waschen, denn hier wird meist mit weniger schleudern und dafür mehr Wasser gearbeitet!

- Bei stark verschmutzter Wäsche immer eine Vorwäsche dazuwählen, damit die Schmutzfracht besser ausgeschwemmt werden kann, weil ja ohnehin weniger Wasser im Gerät ist als bei früheren Maschinen!

- Funktion Einweichen: diese Funktion haben viele moderne Geräte, es ist besonders sinnvoll bei stark eingebrannten und alten Flecken, die sich durch die lange

Einweichzeit dann besser herauslösen; bei stark öliger und fettiger Wäsche ist es meist sinnvoller, zwei Vorwäschen zu machen statt einzuweichen!

- Gardinen, Wollsocken und feine Stoffe auf Feinwäsche waschen, denn hier macht das Gerät noch einen einigermaßen hohen Laugenstand - ca. 1/3 voll - und keine Zwischenschleudergänge.

- Neue, moderne Waschautomaten brauchen einfach ihre Zeit, und diese sollte man ihnen lassen, denn durch schwache Heizleistung und lange Durchfeuchtungsvorgänge sowie Auspendeln der Unwucht (beim Schleudern) sind kurze Waschzeiten hier Geschichte, und damit muss man leben. Ich empfehle jedoch bei sehr großen Haushalten mit mehr als sechs Personen und mehr als zehn Waschladungen in der Woche, zu überlegen, ob nicht eine Gewerbemaschine besser und sinnvoller wäre als eine billige Haushaltsmaschine! Denn Gewerbegeräte haben noch eine hohe Heizleistung und eine Waschzeitgarantie bei erreichter Temperatur, ausserdem spülen sie noch mit etwas mehr Wasser und haben im Vergleich Waschzeiten wie Geräte aus den 70er Jahren! Bei Gewerbegeräten kann man auch meist das Programm noch frei programmieren, d.h. man kann die Nachwaschzeit, Vorwaschzeit, Anzahl der Spülgänge auch oft noch selbst einprogrammieren, sowie den Wasserstand verändern!

Nach dem Waschen im Waschautomaten

Die Wäsche entnehmen, und wenn die Trommel leer ist, die Trommel im leeren Zustand einmal drehen, damit sich z.B.. der schwarze Socken, der eventuell noch in der Ecke ist, sich ablöst und noch findet!

Programme mit Spülstop oder die Funktion Spülstop

Bei alten Waschautomaten war es üblich, dass die Pflegeleichte Wäsche und die Feinwäsche beim letzten Spülgang im Spülstop liegenblieb! So konnten Feinwäsche oder Hemden im sauberen Spülwasser schwimmen, und es entstanden keine Knitterfalten! Dann konnte man, kurz bevor man die Wäsche entnahm, selbst entscheiden, ob man das Wasser nur abpumpt, die Wäsche kurz schleudert oder glattschleudert, oder ob man bei modernen Maschinen alles nur mit niedriger Drehzahl, z.B.. ca. 400 - 700 Touren schleudert, damit man anschliessend die Wäsche sofort entnehmen kann! Bei Hemden z.B.. ist dies wichtig: dass man, wenn das Programm beendet ist, dann die Hemden gleich auf Kleiderbügel hängt und so Knitterbildung minimiert! Bei modernen Waschautomaten ist die Funktion Spülstop meistens zuwählbar!

Nach Entnahme der Wäsche ist es sehr wichtig, das Bullauge offen zu lassen, und auch die Waschmittelschublade, sodass alles austrocknen

und lüften kann! Denn wo es trocken ist, können meist keine Keime leben!!!

Zusatzfunktionen vom Waschautomaten (je nach Gerät und Modell vorhanden oder nicht vorhanden)

Funktion Kurz: Das Kurzprogramm ist bei neuen Geräten meist sinnvoll, aber nur bei leicht verschmutzter Wäsche. Wichtig ist im Kurzprogramm die Temperatur nicht zu sehr zu reduzieren, und wenn die Maschine mehr als halb voll ist, auch noch die Funktion Wasser oder Spülen Plus dazu zu wählen, denn dadurch wird die Wäsche in kurzer Zeit gut gewaschen und gespült! Wenn die Wäsche sehr verfleckt ist, ist das Kurzprogramm nicht empfehlenswert!

Taste Wasser Plus oder Spülen Plus: Diese zwei Funktionen besitzt fast jede moderne Waschmaschine, und es ist zu empfehlen, besonders wenn die Maschine ganz voll gemacht wird, und auch wenn wir saugfähige Wäsche haben, diese Taste immer zu drücken.
Die moderne Maschine braucht dadurch ca. 15 - 20 ltr. mehr Wasser, was aber der Wäsche und der Waschmaschinenhygiene zugute kommt!

Spülstop oder ohne Schleudern Taste: Diese Taste ist zu drücken, wenn wir knitterempfindliche Textilien haben und wir die Wäsche erst später entnehmen wollen. Am sinnvollsten ist es, knitterempfindliche Wäsche erst kurz vor dem Aufhängen kurz anzuschleudern!

Flecken / Intensiv Taste: Diese Funktion verlängert die Waschzeit bei erreichter Temperatur meist um 8 - 16 Minuten, um Flecken länger zu bleichen, und um stark Verschmutztes intensiver zu waschen. Geräte bis ca. Baujahr 2005 heizen während dieser Zeit auch nach, und haben so auch eine bessere Keimabtötung mit dieser Funktion!

Kapitel 8

Reinigung des Waschautomaten

- einmal monatlich die Waschmittelschublade ausbauen, und unter Wasser mit einer Spülbürste reinigen. Im Sprühkanal, wo die Waschmittelschublade rein kommt, dann bitte auch auswischen, gegebenenfalls ab und an mit Essig-, oder Zitronensäure-Reiniger Kalk und Schmutzränder entfernen. Oben an den Einspüllöchern eignet sich am besten ein saurer Reiniger in einer Sprühflasche!

- Flusensieb oder Fremdkörperfalle auch von Zeit zu Zeit kontrollieren und reinigen.

- Türmanschette und deren Zwischenräume auch ab und an ausreiben und reinigen und auf Fremdkörper kontrollieren!

- Bei sachgemässem Gebrauch und richtigem Waschverhalten (Waschen mit guten Wasserständen und hohen Temperaturen) ist eine Reinigung der Trommel oder des Bottichs nur ca. 1 Mal jährlich nötig, dabei nimmt man einfach ca. 350g reine Zitronensäure (in der Drogerie erhältlich). Diese Streut man in die Trommel und lässt das komplette 95°C Programm ohne Wäsche durchlaufen! So werden Kalk und Laugenreste aus Trommel, Bottich und Heizung entfernt!

Was tun, wenn die Waschmaschine muffelt oder gar stinkt?

Hier wurden über einen längeren Zeitraum Fehler beim Waschen gemacht, die Fehler passieren meist durch Unwissenheit der Bediener und durch die moderne und sparsame Programmgestaltung der Waschmaschinen. Fehler können sein:

- zu wenig oder das falsche Waschmittel verwendet.

- falsches Waschprogramm verwendet, und oft nur mit niedrigen Temperaturen gewaschen (Öko-, und Sparprogramme)

- zu wenig Wasser in der Maschine - in Zukunft Wasser und oder Spülen plus wählen

- Maschine wurde nach dem Waschen nicht belüftet (immer Bullauge auflassen und Waschmittelschublade etwas offenhalten)!

Wenn ihre Waschmaschine stinkt oder muffelt, ist sie schon sehr verkeimt, und hat einen starken **Biofilm** im Bottich und an Schläuchen; dieser kann nur sehr schwer entfernt werden!

Man geht dabei wie folgt vor: man macht zuerst eine alkalische (Laugen-)Reinigung, und hernach eine zweite saure Reinigung. Das geht so:

Bei der alkalischen Reinigung nimmt man ca. 4-6 Geschirrspülreiniger-Tabs, gibt sie in die Trommel der Waschmaschine und startet das Programm Kochwäsche ohne Vorwäsche mit der Funktion: Intensiv/Flecken (längste Waschzeit wählen). Wenn das Wasser zugelaufen ist, füllt man über das Waschmittelfach weiter Wasser nach (mit einem Eimer oder einer Gießkanne) - soviel, bis die Maschine zu 1/3 mit Wasser gefüllt ist! Nun lässt man das Programm ganz durchlaufen!

Danach folgt die saure Reinigung; man geht genauso vor wie bei der Alkalischen, nur verwendet man Zitronensäure, ca. 300 - 400 Gramm; sie streut man in die Trommel, bevor man das Programm startet!

Nach beiden Durchläufen sollte die Maschine sauber sein! Wenn man aber über Jahre falsch gewaschen hat, kann der Biofilm aber auch so fest sitzen, dass man die Reinigungsgänge noch 2 bis 3 Mal wiederholen muss!

Ausserdem sollte man vor dem Reinigen immer die Waschmittelschublade ausbauen und reinigen, gegebenenfalls in Zitronensäure (bei Kalkablagerung) oder in einer Chlorlösung (bei Schimmelbefall) einweichen! Die Sprühdüsen und den Innenraum, in dem das Waschmittelfach drin ist, ebenfalls reinigen mit den gleichen Mitteln, am besten mit einer Sprühflasche!

Wenn Sie Ihre Waschmaschine gut pflegen und sauber halten, haben Sie auch lange Freude daran,

und immer ein gutes Waschergebnis! Es ist sinnvoll, wenn eine Person im Haushalt für die Waschmaschine und deren Sauberkeit verantwortlich ist.

Warum eine Waschmaschine Socken frisst!?

Oft werde ich gefragt, ob es sein kann, dass eine Waschmaschine Socken frisst!? Die Antwort ist: normalerweise Nein, denn wenn ein paar Dinge beachtet werden, kann das eigentlich nicht passieren! Die Möglichkeit, dass Socken oder Kleinteile verschwinden, besteht nur dann, wenn die Maschine total überladen ist, sodass es mit Druck Wäschestücke an den Türgummi und zwischen Trommelende und Türmanschette durchdrückt! Denn nur so können Wäschestücke zwischen dem Spalt des Türgummis vorne und der Trommel hindurch; dies kann aber nur passieren bei sehr überladener Maschine, oder wenn z.B. kurze Nylonsocken oder ganz kleine Kindersocken nicht in ein Wäschenetz gegeben werden! Wenn man ein Wäschenetz nutzt, und die Maschine nicht überlädt, dann frisst die Maschine keine Wäschestücke! Wenn aber doch mal ein Wäschestück durchgerutscht ist, dann kommt es irgendwann mal im Flusensieb wieder zum Vorschein, oder es verstopft einen Schlauch zur Pumpe, und man muss dann die Maschine zerlegen oder den Kundendienst rufen, wenn man sich selbst nicht zu helfen weiß!

Kapitel 9

Technische Details im Waschautomat

Trommel: Trommel und Trommelkonstruktion des Waschautomaten tragen zum hohen Wascherfolg bei; es gibt heutzutage modernste Schontrommeln mit Waben und winzigen Löchern, Variosoft-Trommeln mit winzigen Löchern und allerhand neuartige Dinge, wo ich wirklich den Kopf schütteln muss, denn: kleine Trommellöcher neigen erstens schneller zum Verstopfen, zweitens haben Hunde-, und Haustierbesitzer Probleme, weil die Haare und auch andere grobe Schmutzfracht in der Lauge gar nicht mehr durch die kleinen Löcher der Trommel passen, sondern nach dem Waschen in der Trommel verbleiben und so in die nächste Wäsche gelangen. Oft müssen hier Trommeln sogar mit dem Staubsauger ausgesaugt werden! Eine normal gelochte Waschtrommel, die es seit der Entstehung des Waschvollautomaten 1954 gibt, empfinde ich immer noch als die beste und sinnvollste Konstruktion. Besonders zu beachten ist eben: man sollte, wenn man viel mit Haaren und Tieren zu tun hat, schon beim Kauf eines Waschautomaten darauf achten, dass man in diesem Fall große Trommellöcher hat! Ein zweites wichtiges Merkmal in der Waschtrommel sind die **Mitnehmer** in der Trommel; es sind meist drei oder vier an der Zahl! Bei hochwertigen Geräten sind die Mitnehmer aus Edelstahl und haben auch eine gewisse Höhe; das ist wichtig, denn die Mitnehmer heben die Wäsche aus der Lauge und transportieren sie besser in die Mitte der Trommel und sie sind oft verantwortlich für das richtige Fallverhalten der Wäsche! Oft haben die Mitnehmer Löcher, denn diese schaufeln auch das Wasser von unten im Bottich hoch über die Wäsche, und duschen die Wäsche damit regelrecht! Es ist ein sinnvolles System, wenn die Mitnehmer Löcher haben!

Der Laugenbehälter

Der Laugenbehälter ist der Behälter, in dem die Waschtrommel läuft. In diesem Behälter befindet sich also Trommel, Waschgut und die Waschlauge (Wasser). Auch die Heizung ist dort installiert und ausserdem der Motor; er ist aussen am Laugenbehälter befestigt. Dort sind auch die komplette Lagerung und das Antriebsriemenrad der Trommel! Der Laugenbehälter muss also Hitze, Kälte, Vibration und unheimliche Kräfte aushalten. Jedoch ist dieser Laugenbehälter heutzutage meist nur noch aus Kunststoff - möglichst billig hergestellt. Deshalb brauchen moderne Maschinen auch eher eine Unwuchtkontrolle, weil schlimme Unwucht vom Bottich nicht mehr ausgehalten werden würde. Auch die Schmutzanlagerung im Plastikbottich ist höher als früher, und wir haben so schneller einen Nährboden für Keime und Bakterien im Gerät! Auch die Trommellager sind meist in das Plastik eingepresst und nicht mehr zu wechseln oder zu tauschen... So ist aus der Waschmaschine der Neuzeit sozusagen ein Wegwerfartikel geworden, wo sich meist eine Reparatur nicht mehr lohnt!

Ganz anders ist es bei sehr hochpreisigen Geräten oder bei Gewerbegeräten, diese haben in den meisten Fällen noch einen Edelstahlbottich! Hier haben wir ein festes Material, wo hinten die Lagerbefestigung mit einem Trommelkreuz aus Guss und richtigem Lagersitz angebracht ist, hier lassen sich Lager noch besser wechseln; auch wenn mal Geld, Steine, oder andere spitze Gegenstände mitgewaschen werden, kann dem Edelstahlbottich nichts passieren, wo es beim Plastik oft Risse oder Leckagen geben kann! Waschautomaten, die vor Baujahr 2000 waren, hatten auch meistens noch einen Edelstahlbottich und waren dadurch sehr massiv; die ältere Generation hatte oft auch Emaille-Bottiche, oder normale Stahl-Bottiche, die von Zeit zu Zeit manchmal das rosten begannen, aber nur wenn das Emaille abgeplatzt war! Allgemein waren Metallbottiche immer die beste Wahl, und Plastik wurde nur deshalb eingesetzt, weil es weniger Wärmeverluste hat, und billiger in der Herstellung war.

Federungen und Aufhängung im Waschautomat

Alte Geräte hatten meist 4 stabile Zugfedern aus Stahl, an denen der Bottich samt der Trommel aufgehängt war, unten am Bottich waren 2-3 Stoßdämpfer: meist stabile Öldruck-Stoßdämpfer. Die zweite Konstruktion war meist, dass der Waschautomat auf 3- 4 Federbeinen (ähnlich wie Federbeine im Auto) komplett stand, und sich so ausfedert beim Schleudern auf dem Bottich; und um den Bottich war meist ein Gewicht aus Guss oder Granit. Die alten Geräte brachten meist ein Gewicht zwischen 90-160 kg auf die Waage! So war es meist kein Problem, wenn die Geräte mit starker Unwucht bei schlecht verteilter Wäsche schleuderten: es war dennoch eine Standsicherheit gegeben. Ganz anders bei den heutigen Plastikbottich-Geräten. Sie wiegen heute nur noch zwischen 60-80 kg, und müssen dadurch unwuchtsicherer sein. Die ganzen Bauteile würden heute auch einer großen Unwucht nicht mehr standhalten, deshalb haben neue Geräte eine elektronische Unwuchtüberwachung. Dies hat zur Folge, dass z.B.. ein großer Pullover oder ein Bademantel nicht geschleudert wird, weil er sich immer einseitig verteilt, und die Maschine verhindert, dass sie sich selbst zerstört! Denn moderne Maschinen haben meist eine weiche Federung: die Federn hängen meist im Plastikbottich, und die Stoßdämpfer sind trotz hoher Fassungsvermögen kleiner und billiger produziert als früher; meist werden Reibedämpfer eingesetzt! Das Trommellager ist im Plastik eingepresst, und dadurch nicht mehr für eine Reparatur geeignet! An alten Geräten gab es noch das Stahlkreuz, das aussen am Bottich angeflanscht war; hier konnte man Lager und Wellenabdichtung noch tauschen und ersetzen.

Motoren

Zwei-Motoren Technik: In sehr alten Geräten gab es noch die Zwei-Motoren-Technik; und zwar ein Motor zum Waschen (niedrige Drehzahl) und einen zum Schleudern (hohe Drehzahl). Der Vorteil war eine sehr verschleißfreie Technik, die man auch leicht reparieren konnte. Auch konnte man Kondensatoren zum Anlauf der Motoren leicht tauschen, Elektronik brauchte man nicht! Nachteil: man hatte nur zwei Drehzahlen, was aber ausreichte, denn beim Kurzschleudern z.B.. konnte man die Motoren auch nur kurz anlaufen lassen, und konnte so trotzdem schonend ausschleudern! Diese Technik gab es bis vor ca. 10 Jahren noch in fast allen Gewerbegeräten!

Kupplungsmotoren: Diese Technik war eine sehr gute und verscheißarme Technik, die Geräte hatten allerdings auch nur zwei Drehzahlen. Die Schleuderdrehzahl war meist zwischen 800-1100 Touren - mehr konnten die Motoren nicht. Aber sie waren zuverlässig. Beim schleudern wurde einfach ausgekuppelt, sodass nun ein anderer Wellendurchmesser den Riemen antrieb, so hatte man relativ niedertourige Motoren. Der Nachteil war, dass die Kupplungen sich nach sehr langem Betrieb abrieben oder schwächer wurden.

Kondensatormotoren: 2-, oder 3-stufig

Kondensatormotoren brauchen zum Anlaufen immer einen Anlaufkondensator. Oft gab es Motoren mit bereits drei verschiedenen Drehzahlen; man hatte also die Möglichkeit von zwei Schleuderdrehzahlen, z.B.. 500 und 1000 oder 400 und 800. Das war schon sehr komfortabel und auch relativ wartungsfrei. Später gab es auch elektronisch geregelte Kondensatormotoren, wobei die Elektronik immer schon anfälliger und unzuverlässiger war als die alte Technik! Kondensatormotoren können auch abbremsen und so abrupt von der schnellen Schleuderdrehzahl in die Waschdrehzahl zurückgehen, das ist z.B. gut beim Auflockern der Wäsche!

Kohlenbürstenmotoren:

Diese Technik in Verbindung mit elektronischer Ansteuerung machte es möglich, eine Vielzahl von Schleuderdrehzahlen, Sanftanlauf beim Schleudern, Schon-Waschrhytmen usw. zu haben, denn diese Motoren können stufenlos geregelt werden mit der Elektronik; Nachteil daran ist aber ein relativ hoher Verschleiß, weil erstens die Kohlenbürsten sich nach einigen Jahren Betriebszeit abfahren und erneuert werden müssen (dies ist ein Verschleißteil), zum anderen geht der Kohlestaub der Kohlenbürsten in die Lager des Motors und trocknet das Fett dort aus, sodass diese Motoren oft zu Lagerschaden neigen, und weniger langlebig sind! Ich selbst bin deshalb wenig davon überzeugt, weil man dadurch das Maschinenleben merklich verringert hat!

FU-Antriebsmotor:

Frequenzumrichter-Motoren werden heute mehr und mehr in Waschmaschinen eingesetzt, besonders im Hochpreissegment, weil man gemerkt hat, dass Kohlenbürstenmotoren doch sehr empfindlich und anfällig sind! FU-Motoren werden elektronisch geregelt, und können auf jede Drehzahl eingestellt werden; auch schleudertouren von 1800 Umdrehungen sind kein Problem! Der Motor ist wartungs-, und verschleißfrei, wird aber mit der Elektronik angesteuert, das kann ein Problem sein, denn die Elektronik ist eben nicht so verschleißarm wie der Motor selbst.

Fazit Motoren:

Beim Kauf einer neuen Maschine nachfragen, was für ein Motor verbaut ist; wenn möglich eine Kohlenbürstenfreie Maschine kaufen!

Heizung:

Heizung und Heizleistung entscheiden, wie schnell die Waschmachine ihre Temperatur erreicht! Alte Geräte aus den 1960er-Jahren hatten oft drei Heizungen und eine Heizleistung von 6000 Watt (Drehstrom). Dadurch erreichten sie in 20 Minuten 95°C und hatten dadurch eine kurze Waschzeit. In den 1970 - 1990er Jahren hatten die meisten Geräte Heizungen von 2800 - 3200 Watt, und hatten so bei Kochwäsche ihre 95°C in einer knappen Stunde erreicht. So konnten sie in ca. knapp 2 h die Kochwäsche absolvieren. Ganz anders heute! Hier haben Geräte mit 8 kg und mehr Fassungsvermögen eine Heizleistung von 1500 - 2200 Watt (je nach Gerät). Deshalb brauchen neue Geräte soviel Zeit, denn nicht selten braucht heute eine Kochwäsche 90°C ca. 4 Stunden, wobei man beachten muss, dass nur noch ca. 70-80°C erreicht werden! Dies alles liegt an der geringen Heizleistung, deshalb wird auch oft die Temperatur bei neuen Geräten nichtmehr erreicht!

Steuerungen:

Programmschaltwerk: Früher lief das Programm wie eine Uhr ab; das Schaltwerk, das die einzelnen Kontakte elektromechanisch betätigte, steuerte den Prozess, die Temperatur wurde über einen Thermostat überwacht, der das Schaltwerk bei Erreichen der Temperatur wieder freigab. Der Wasserstand wurde meist über mehrere Druckwächter (Druckmessdosen) ermittelt; so konnte man meist mit drei Wasserständen waschen: niedrig, mittel, hoch! Diese Technik war sehr übersichtlich und leicht zu durchschauen, bei Fehlern konnte man diese meist leicht beheben oder finden! Es gab am Schaltwerk meist zwei bis drei Grundprogramme mit verschiedenen Wasserständen und Drehrhythmen. Die Technik war immer relativ zuverlässig!

Elektronische Steuerung: Heute sind im Waschautomat eine Vielzahl von Elektroniken untergebracht, der Waschprozess kann dadurch noch feiner abgestimmt werden als früher. Es sind z.B. verschiedenste Programmgestaltungen und Wasserstände möglich, und die Temperatur kann durch NTC-Fühler ermittelt werden; auch die Unwuchtkontrolle wird über Elektronik und Veränderung der Drehzahl ermittelt, die Elektronik bietet mehr Möglichkeiten, jedoch ist sie auch nicht mehr so leicht zu reparieren, und es können Fehler nicht mehr so leicht gefunden werden, dieses sind natürlich Nachteile, denn Reparaturen sind erschwert, und Ersatzteile oft sehr teuer!

FAZIT: Wer eine alte Waschmaschine besitzt, sollte sie, wenn möglich, so gut es geht erhalten und pflegen, und wenn möglich reparieren lassen!

Kapitel 10

Problemtextilien und deren Waschverfahren:

Weiße Wäsche und wie sie wirklich weiß bleibt!

Oft sehe ich in Haushalten, dass die Weißwäsche, Handtücher, Unterwäsche, Bettwäsche und auch Tischwäsche und Gardinen oder Hemden nicht mehr weiß, sondern grau sind, und einen Grauschleier oder Verfärbungen haben; oft hab' ich die Frage gehört: wie wird die Wäsche wirklich weiß! Hierzu ein paar Tipps!

Das Wichtigste ist, die Wäsche richtig zu sortieren, und weißes wirklich nur mit Weißem zusammen zu waschen! Normal oder starkverschmutzte Weißwäsche immer mit Vorwäsche waschen, denn bei der Vorwäsche lösen wir die meisten Verschmutzungen, sodass wir in der Hauptwäsche dann eine saubere Lauge haben, und die Bleichkraft des Vollwaschmittels den Stoff richtig weiß bringt! Denn mit einer Schmutzlauge in der Hauptwäsche erhalten wir keine weiße Wäsche! Bei weißer Wäsche das Waschmittel niemals unterdosieren, sondern eher etwas mehr Vollwaschmittel zugeben, damit ausreichend Bleiche und optische Aufheller enthalten sind, um ein strahlendes Weiß zu erhalten!!

Nur bleichmittelhaltiges Vollwaschmittel in Pulverform verwenden!

Wäsche gründlich und mit viel Wasser spülen, gegebenenfalls Wasser Plus oder Spülen Plus drücken, und kein Kurzprogramm verwenden, da insbesondere bei Tischwäsche die Flecken Zeit brauchen, um sich bei Höchsttemperatur zu lösen. Weiße Wäsche immer bei der höchstmöglichen Temperatur Waschen!

Buntwäsche und wie bleibt Buntwäsche wirklich bunt?

Buntwäsche ist der größte Teil unserer heutigen Wäsche - ca. 60 %. Bei Buntwäsche ist es wichtig, auch etwas nach Farben zu unterscheiden z.B. helle Buntwäsche (gelb, hellblau, hellgrau, hellgrün), intensive Farben (orange, knallrot, violett, usw.) und dunkle Buntwäsche (dunkle Jeans, dunkelblau, dunkelgrau, schwarz, dunkelviolett, usw.) Sinnvoll trennen!

Alte Stoffe, die nicht mehr abfärben (ausbluten), können auch zusammen gewaschen werden, sodass man nicht nur Einzelteile waschen muss!

Ein Buntwaschmittel (Colorwaschmittel) verwenden, das keine Bleiche enthält! Nur bei sehr empfindlicher und schwarzer Buntwäsche ist ein flüssiges Bunt-, oder Feinwaschmittel empfehlenswert! Die Waschmaschine nicht überfüllen, sodass die Wäsche sich also noch gut entfalten kann; empfindliche Buntwäsche auf Pflegeleicht oder Feinwäsche waschen mit höherem Wasserstand! Verfleckte Buntwäsche und Textilien, die man direkt am Körper trägt, mit höchstmöglicher Temperatur waschen, denn der Farbschutz ist durch das Color Waschmittel gegeben, dass sogar vor Ausbluten schützt! Nach dem Waschen Buntwäsche, insbesondere Jeans und jeansähnliche Stoffe gleich aus der Trommel entnehmen, ausschütteln und aufhängen - so werden Streifen vom Liegen in der Trommel vermieden! Bei leichtverschmutzter Buntwäsche gerne ein Kurzprogramm anwählen, aber dafür auch Wasser Plus verwenden, denn durch langes Waschen mit wenig Wasser und viel Reibung entsteht bei Buntwäsche (Pullover und T-Shirts) eher eine Knötchenbildung!

Dunkle und schwarze Jeans-Textilien: Oft neigen Jeansstoffe zur Streifenbildung, und bluten sehr stark aus! Wer viele solche Textilien hat, sollte sich ein flüssiges Color-, oder Feinwaschmittel kaufen, denn das vermindert in Verbindung mit geringer Beladung Streifen und ausbluten! Wichtig bei Jeans ist ein Programm mit hohem Wasserstand zu wählen (Pflegeleicht oder Feinwäsche), die Maschine nur gering beladen, d.h. ca. 4 - 5 Jeans, und diese nur leicht schleudern (400 - 600 Touren); viele neue Geräte haben auch ein Jeans-Programm! Nach dem Waschen gleich aus der Maschine nehmen, in Form ziehen und aufhängen.

Anzüge, Kostüme, Sakkos und Mäntel: Oft kann man Anzüge, Mäntel und Sakkos selbst waschen, wenn sie nicht aus Tierfasern, sondern aus Kunstfasern bestehen! Bei reiner Wolle und Tierfasern würde ich abraten zu waschen, wenn es nicht ausdrücklich gekennzeichnet ist! Bei Chemiefasern, also Viskose, Polyamind, Acryl usw. ist ein Waschen meist möglich, auch wenn es auf dem Etikett nicht erlaubt ist! Hier ist unbedingt auf ein **schwimmendes Waschverfahren** zu achten! Dabei kommt immer nur ein Kleidungsstück, oder Anzug mit Hose in die Maschine, denn das Textil muss im Wasser schwimmen und sich entfalten können - meist in einem Feinwaschprogramm. Der Wasserstand ist zu kontrollieren! Hier empfehle ich ein flüssiges Fein-, oder Wollwaschmittel!

Das Wäschenetz: Jeder sollte ein Feinwäschenetz zur Hand haben, denn hier werden z.B. feine Seidenschals, Feinstrumpfhosen oder BHs mit Bügeln hineingepackt und dadurch noch mehr geschont; es wird auch vermieden, dass sich diese Textilien nicht an Knöpfen und Reissverschlüssen anderer Wäsche reiben und dadurch reißen! Oft kann man das Wäschenetz auch für stark flusende Wollgemisch-Pullover verwenden, dann bleiben die Flusen im Netz und gehen nicht auf andere Wäsche über, wenn das Netz relativ fein ist! Umgekehrt: wenn man stark flusende Socken wäscht, und will die Seidenbluse mitwaschen, dann kommt diese ins Netz und verflust dadurch nicht!

Gardinen und feine Gardinen: Gardinen sollte man meist durch ihren hohen Staubgehalt mit Vorwäsche waschen! Auch hier ist ein schwimmendes Waschverfahren notwendig! Bei sehr feinen Gardinen die Maschine nur zu 1/3 füllen und auf Feinwäsche waschen, Gardinen dann nur soweit anschleudern, dass sie gerade nicht mehr tropfen (400 Touren) oder Kurzschleudern! Weichspüler ins letzte Spülbad zum Schutz vor Neuanschmutzung!

Stark ausblutende Textilien: Es gibt manche Gewebefarben, die sehr stark ausbluten. Hier ist darauf zu achten, bleichmittelfreie Color-, und Feinwaschmittel zu verwenden, und die Textilien separat (mit gleichen oder ähnlichen Farben) zu waschen, Wäsche sehr gut spülen (Spülen und / oder Wasser plus drücken).

Kapitel 11

Wissenswertes über Waschmittelinhaltsstoffe und was sie bewirken!

Oft ist es interessant, wenn man auch weiß, was im Waschmittelpaket, das man kauft, drin ist, hier möchte ich Aufschluss über die Wirkung der Inhaltsstoffe geben!

Tenside (Anionische / Nichtionische / Kationische): Tenside sind die wichtigsten Bestandteile im Waschmittel; es sind die waschaktiven Substanzen, die den Schmutz lösen und in der Schwebe halten und ihn abtransportieren. Bei Flüssigwaschmittel sind sie auch an der Wasserenthärtung beteiligt und setzen die Oberflächenspannung herab!

Zeolithe (Schichtsilikate / SASIL): Sie enthärten das Wasser, und setzen die Oberflächenspannung herab, sind nur in Pulverwaschmitteln enthalten, früher wurde anstatt von Zeolithen Phosphat eingesetzt!

Enzyme: Enzyme spalten organische Stoffe, Stärke, Eiweiß, Blutverschmutzungen und Essensreste. Enzyme wirken im kalten Bereich am besten, also zwischen 30 - 40 Grad, und sterben dann bei höheren Temperaturen ab! Es gibt verschiedene Enzyme im Waschmittel: Amylase (Stärkeenzym), Pektinase, Protease (baut Proteine ab) und Cellulase (verhindert Knötchenbildung an den Textilien). Die verschiedenen Enzyme wirken an verschiedenen Verschmutzungen!

Bleichmittel auf Sauerstoffbasis: Bleichbare Flecken wie Saft, Rotwein, Schmierfett, usw. werden durch Bleichmittel geblichen und dadurch entfernt, die Wäsche wird weiß, es werden aber auch Farben mehr und mehr ausgeblichen im Textil! Bleichmittel entfaltet seine Wirkungskraft bei 60°C und mehr, ausserdem haben die Bleichmittel eine desinfizierende Wirkung! Bleichmittel sind nur in pulverförmigen Vollwaschmitteln enthalten.

TAED: Taed ist ein Bleichaktivator, der die Bleichmittel auch schon bei niedrigen Temperaturen wirken lässt!

Optische Aufheller: Lässt die Wäsche weißer erscheinen oder Farben mehr leuchten. Optische Aufheller sind in Vollwaschmitteln und Feinwaschmitteln enthalten, sie sind hauptsächlich verantwortlich dafür, dass das Weiß weißer erscheint! Bunte Farben werden aber dadurch etwas in Mitleidenschaft gezogen und verblassen schneller!

Seife: wirkt meist schaumbremsend, und unterstützt die Tenside.

Duftstoffe: Verleihen der Wäsche einen angenehm frischen Duft, gleichzeitig überdecken sie aber auch Muff-, und Schweißgerüche, und lassen Wäsche, die nicht optimal gepflegt ist, frisch erscheinen!

Dies waren nun die wichtigsten Inhaltsstoffe der Waschmittel, je nach Waschmittel und Hersteller gibt es noch mehr Inhaltsstoffe, aber diese hier sind die gängigsten!

Wissenswertes über Wasserhärte

In vielen Gebieten gibt es hartes Wasser; dieses kann Nachteile und auch Vorteile haben!

Der Vorteil ist: man bekommt ein besseres Spülergebnis, weil hartes Wasser Waschmittel besser und schneller aus der Faser herauslöst! Nachteil ist jedoch: man braucht mehr Waschmittel um die Oberflächenspannung des Wassers herabzusetzen! Ich persöhnlich rate von Wasserenthärtungsmitteln ab, weil sie zum Einen unnötig Geld kosten, und zum Anderen auch keine andere Wirkung erzielen wie der in jedem Waschmittel enthaltene Enthärter. Anstelle des zusätzlichen Enthärters setzt man lieber etwas mehr Waschmittel bei hartem Wasser ein - bei sehr hartem Wasser, z.B.. Härtebereich 4 ist es ca. 1/3 Waschmittel mehr! Die Maschine wird auch bei hartem Wasser nicht verkalken, denn bei der richtigen Waschmitteldosierung ist ja der Kalk ans Waschmittel gebunden. Was ich jedoch empfehle, ist im Hartwassergebiet ca. alle 100 Waschgänge mal ein Entkalkungsgang mit Zitronensäure durchzuführen wie oben beschrieben!

Wohin mit den verschiedenen Waschmitteln?

Es ist ratsam, das Pulverwaschmittel in die Waschmittelschublade hinein zu dosieren! Denn da kann man für Vorwäsche und Hauptwäsche von Anfang an richtig Dosieren! **Flüssigwaschmittel bitte niemals über die Waschmittelschublade dosieren,** da die zähflüssigen Flüssigwaschmittel oft in der Waschmittelschublade, in Schläuchen und im Waschmittelinnenfach etwas kleben bleiben und dann bei jedem neuen Wasserholen -auch beim Spülen weiter Reste eingespült werden. So ist dann das Spülergebnis schlechter, ausserdem verkleben und gammeln Schläuche, ebenso die Innenschale des Faches mit der Zeit - schuld daran sind festgeklebte Waschmittelreste.

Flüssigwaschmittel gehört in eine Dosierkugel für Flüssigwaschmittel und so dann direkt in die Trommel; oder man gibt es direkt auf die Wäsche. Auf jeden Fall gibt man es immer in die Trommel, denn dort kann es dann schnell seine Wirkungskraft entfalten und klebt unterwegs nicht irgendwo fest! Dosierkugeln gibt es bei fast jedem Waschmittelhersteller oder auch im Internet zu kaufen.

Und Flüssigwaschmittel nur zur Hauptwäsche einsetzen!

Manche Waschmittelfächer haben aber allerdings einen Waschmitteleinsatz für Flüssigwaschmittel - dann, aber nur in diesem Fall, kann man das Waschmittel über die Schublade dosieren!

Weichspülmittel wird sparsam ins Weichspülerfach dosiert! Oft gibt es auch sehr dickflüssige Weichspüler; diese können gerne im Verhältnis 1 Teil Wasser - 1 Teil Weichspüler schon in der Weichspülerflasche verdünnt werden, denn dann sind sie leichter zu dosieren, lassen sich besser einspülen und verkleben die Fächer nicht so! Natürlich ist bei der Verdünnung dann zu beachten, dass man dann die doppelte Menge dosieren muss wegen des Wasserzusatzes!

Trotz richtiger Waschmittelzugabe ist es sehr wichtig, das Waschmittelfach von Zeit zu Zeit zu reinigen, also das Fach und die Waschmittelschale, so wie im Abschnitt über die Reinigung der Waschmaschine beschrieben!

Wichtige Sätze die man beim Wäschewaschen bedenken soll nochmal zusammengefasst (aber schon im Buch enthalten)

- **Generell gilt, dass wir mit mehr Wasser in der Trommel immer schonender waschen!**

- **Weißkraft erhalten wir durch eine saubere, starke Lauge in der Hauptwäsche!**

- **Buntwäsche nur mit bleichmittelfreiem Bunt- (Color-), und Feinwaschmittel waschen!**

- **Waschtrommel immer locker füllen und nicht überladen (also nicht stopfen, pressen, …)!**

- **Mit hoher Temperatur und genügend Wasser haben wir die besten Waschergebnisse!**

- **Bei Temperaturen über 60°C können wir sicher Keime abtöten!**

- Faustregel für Hemden: immer 5-9 Stück (je nach Trommelgröße) pro Waschprogramm im Pflegeleichtprogramm!

- Wäsche, die im Wäschetrockner getrocknet wird, immer mit höchster Drehzahl schleudern!

- Wer seine Waschmaschine richtig pflegt, hat lange Freude daran!

- Nach dem Waschen die Türe und das Waschmittelfach offen lassen zum austrocknen!

Hier will ich nun mit diesem Buch schliessen; vielleicht wird es auch Menschen geben, die an meinem Waschverfahren Anstoß nehmen und anderer Meinung sind. Aber ich denke, das Thema Wäschewaschen ist so groß und umfangreich, dass man hier stundenlang die Themen noch weiter erörtern könnte, aber ich will hier in diesem kleinen Büchlein keine langen Romane verfassen, und auch nicht Lehrmaterial für die Textilpflegeindustrie liefern, sondern nur den Hausfrauen und -männern Tipps und Empfehlungen geben, die ihnen auch in der Praxis weiterhelfen, anwendbar und verständlich sind, und die Freude am Wäschewaschen wieder etwas aufleben lassen! Denn es ist etwas schönes, wenn man die frische Wäsche strahlend sauber aus der Maschine nehmen kann, sie einen angenehmen Duft hat, und man selbst ein Gefühl der Sauberkeit und Frische verspüren kann, und auch auf seine Wäsche schon etwas stolz sein kann! Denn: Wäschewaschen ist eigentlich eine schöne Aufgabe, denn es wird für einen gearbeitet, nur das Denken nimmt einem die Waschmaschine nicht ab! Deshalb muss man für die Arbeit Wäschewaschen auch selbst etwas mitdenken und den Sinn verstehen, warum man welchen Handgriff macht, und was er bewirkt! Und da hoffe ich, euch mit diesem Buch etwas weitergeholfen zu haben - und dass man beim Wäschewaschen etwas mehr mitdenkt!

So wünsche ich allen einen guten Wascherfolg!